### NIVALDO CAMILLO

# PÍLULAS DE LIDERANÇA

Doses Diárias para
Líderes Inspiradores

# PÍLULAS DE LIDERANÇA

Doses Diárias para
Líderes Inspiradores

# PREFÁCIO

## Confiança nunca saiu de moda

Muito se fala sobre o novo papel da liderança – e com razão. O mundo mudou, as empresas mudaram, as pessoas mudaram. A relação com o trabalho vem passando por uma verdadeira revolução. Já não é suficiente ter um plano, distribuir tarefas e cobrar entregas. Hoje, espera-se que um líder seja capaz de promover sentido, cultivar segurança psicológica, desenvolver talentos, reconhecer esforços e inspirar movimentos.

O que talvez nem todos percebam é que, no centro de tudo isso, está um conceito essencial: a confiança.

Em todos os anos à frente do Great Place to Work© no Brasil e em outros vários países, tive o privilégio de acompanhar de perto a evolução da liderança em centenas de organizações. Vi modelos serem repensados, estruturas redesenhadas, estilos desafiados. Mas, em meio a tantas transformações, uma verdade sempre se manteve: as melhores empresas para trabalhar são aquelas que constroem relações de confiança entre líderes e liderados. E líderes que constroem confiança fazem isso todos os dias – nos gestos, nas palavras, nas escolhas e nas omissões também.

O livro que você tem em mãos é, em sua essência, uma ode à liderança que constrói confiança. Em *Pílulas de Liderança*, Nivaldo Camillo oferece reflexões curtas e poderosas sobre o dia a dia de quem lidera – seja uma equipe, uma empresa ou sua própria jornada. São ideias que cabem em uma frase, mas que reverberam como convites profundos à ação e à coerência.

Nivaldo nos lembra, por exemplo, que "liderar não é ocupar um cargo, é assumir um compromisso", uma pílula que deveria estar colada na tela de cada gestor. Em outro trecho, diz que "o verdadeiro líder assume responsabilidades", reafirmando que liderança não é sobre mandar, mas sobre responder. Já na provocadora "O comerciante da esperança", resgata uma das funções mais humanas de um líder: ser aquele que não desiste da luz, mesmo quando tudo parece escuro.

Ao longo da leitura, somos constantemente lembrados de que a liderança acontece nas sutilezas. Em "A liderança está no exemplo", por exemplo, fica claro que o que inspira não são os discursos prontos, mas as atitudes genuínas. As pessoas fazem o que você faz, não o que você diz.

Este livro não é um manual. Tampouco pretende esgotar os caminhos da boa liderança. Ele é uma coleção de lembretes: para quando esquecermos que o time nos observa; para quando nos deixarmos levar pelo ego ou pela pressa; para quando a pressão do dia a dia ameaçar atropelar nossos valores. Cada pílula é uma pausa. Um "olhar para dentro". Um lembrete de que a nossa influência como líderes pode ser tão poderosa quanto silenciosa.

E por isso este livro chega em boa hora. Em um cenário em que as organizações precisam conquistar talentos, cultivar pertencimento e lidar com a complexidade da diversidade, nunca foi tão urgente formar líderes humanos, conscientes e comprometidos com o bem coletivo. Líderes que, mais do que comandar, saibam criar ambientes onde as pessoas florescem. Líderes que saibam o impacto que têm sobre a cultura e sobre a vida de cada colaborador.

Durante todos esses anos no Great Place to Work© e mais recentemente no Ecossistema Great People, aprendemos que empresas excelentes não são construídas por processos impecáveis, mas por relações saudáveis. E relações saudáveis começam com uma liderança que escuta, compartilha, reconhece, orienta, acolhe, celebra e, acima de tudo, confia.

Que este livro faça-o lembrar disso. E que, a cada pílula lida, você se aproxime ainda mais do líder que o mundo de hoje precisa.

**José Tolovi Jr.**

*Presidente do Conselho do Great Place to Work Institute no Brasil, e membro do Conselho no México, América Central, Espanha, França e Canadá. Co-founder do Ecossistema Great People.*

# INTRODUÇÃO

**Olá, Líder Inspirador!**

Inicialmente, quero que saiba que este livro não se trata apenas de uma coleção de teorias ou conselhos genéricos. Cada página que você está prestes a ler foi escrita a partir da sabedoria de vivências reais; experiências que moldaram minha jornada como líder e que também podem fazer a diferença na sua. Além disso, cada seção foi construída com uma profunda convicção de que a verdadeira liderança não reside em títulos ou cargos, mas, sim, na capacidade de transformar vidas.

Há 40 anos, quando saí de Jardinópolis, uma pequena cidade no interior de São Paulo, e iniciei minha jornada no mercado financeiro, não poderia imaginar que um dia estaria aqui como CEO da Sicoob Cocre – uma cooperativa de crédito presente em 21 cidades do Estado de São Paulo – compartilhando neste livro lições tão valiosas sobre liderança. Meu propósito, no entanto, sempre foi claro: mostrar que grandes realizações acontecem quando um líder compreende a essência humana e dedica-se a extrair o melhor dos outros.

Este livro é um reflexo do que acredito ser essencial para aqueles que desejam liderar com propósito e deixar um legado duradouro. Lembre-se: a Liderança Inspiradora não se trata de alcançar resultados, mas de construir algo maior — um legado que transforme a vida das pessoas com quem você cruza caminhos, tornando os resultados uma consequência natural desse impacto.

Dentro dessas páginas, você encontrará **pílulas de liderança**, repletas de poder para transformar, motivar e inspirar. E o melhor: não há uma ordem certa para consumi-las. Este livro pode ser lido de forma flexível, como um devocional. Basta abri-lo a qualquer momento, e cada pílula será uma dose diária de reflexão para o seu desenvolvimento como líder.

Acredito firmemente que a liderança se constrói na convivência, no respeito, na parceria e, acima de tudo, no desejo genuíno de ver o outro crescer. Como sempre digo, meu foco é promover um ambiente inovador, próspero e centrado nas pessoas, onde todos possam prosperar juntos. Por isso, convido você a embarcar comigo nesta jornada. Cada pílula que você encontrará aqui é uma parte da minha história, das minhas crenças e das experiências que moldaram quem sou hoje.

Incentivo você a fazer dessas leituras diárias um hábito, pois acredito que elas têm o poder de transformar sua liderança. Juntos, podemos construir um futuro onde liderar signifique propósito, realização e prosperidade.

Então, vamos em frente! O mundo precisa de líderes como você.

*Nivaldo Camillo*

## SEÇÃO 1

# A LIDERANÇA ALÉM DE TÍTULOS

# A LIDERANÇA ESTÁ NO EXEMPLO

Liderar vai além de dar ordens ou ocupar cargos de autoridade; é um compromisso diário de inspirar e guiar aqueles ao seu redor por meio do exemplo. Quando você age com integridade, bondade e empatia, cria um ambiente de confiança, no qual as pessoas se sentem seguras e naturalmente inclinadas a refletir essas virtudes.

Pense, por um momento, no impacto que suas atitudes têm sobre os outros. Ao enfrentar desafios com bravura e resiliência, você encoraja todos ao seu redor a fazer o mesmo. Além disso, ao tratar cada pessoa com respeito e compaixão, você demonstra, de forma clara, o valor dessas qualidades no convívio diário.

**No dia a dia, são as suas pequenas ações que falam mais alto.**

Ser pontual, manter a calma em situações difíceis e reconhecer o valor dos outros são gestos simples, mas que ajudam a criar um ambiente de confiança. Quando as pessoas percebem que você pratica os valores que defende, elas se sentem mais motivadas a seguir seu exemplo e confiar em você.

Então, seja o exemplo que deseja ver nos outros. Lembre-se: a Liderança Inspiradora motiva as pessoas a se tornarem melhores através de uma conduta que elas admiram e desejam seguir. Ao liderar pelo exemplo, você influencia o presente e ajuda a moldar o futuro daqueles que convivem com você, estabelecendo um legado de honestidade e transformação.

# UM BOM LÍDER INSPIRA, INFLUENCIA E MOTIVA

O verdadeiro líder é aquele que inspira com suas ações e palavras, motivando os outros a alcançarem o seu melhor. A inspiração vem de viver de acordo com seus valores e demonstrar paixão pelo que faz, mesmo nas situações cotidianas. Quando você mostra entusiasmo sincero e compromisso, leva as pessoas a se sentirem estimuladas a seguir seu exemplo.

Influenciar é sobre criar um impacto positivo. Seu comportamento, suas palavras e suas atitudes moldam a forma como os outros percebem e respondem a você. Ao demonstrar integridade e autenticidade, você influencia outros a adotar comportamentos e atitudes parecidas. Dessa maneira, a verdadeira influência vem de ser um modelo de caráter e compromisso.

Motivar é oferecer incentivos, entender as necessidades e aspirações das pessoas e oferecer apoio prático. Um bom líder entende que o verdadeiro poder da motivação está em reconhecer o potencial dos seus colaboradores e incentivá-los a buscar seus objetivos. É sobre enxergar o que muitas vezes eles mesmos ainda não veem e dar-lhes o impulso necessário para que se tornem versões melhores de si mesmos.

Seja o tipo de líder que age para inspirar, influenciar e motivar positivamente os outros. Em seguida, observe como suas ações e atitudes impactam e transformam o seu ambiente.

**Um bom líder inspira pelo que é, não pelo que tem.**

○ LIDO

REFLEXÕES DIÁRIAS

# O VERDADEIRO LÍDER ASSUME RESPONSABILIDADES

Assumir responsabilidades começa com a autodisciplina. Estabeleça prioridades claras e crie hábitos que o ajudem a alcançar seus objetivos. Seja responsável pelo seu próprio crescimento e desenvolvimento pessoal. Invista em sua educação, saúde e relacionamentos, pois esses pilares sustentam sua jornada de liderança.

Igualmente, tome a iniciativa em seu ambiente social. Identifique causas que toquem seu coração e busque maneiras práticas de se envolver. Se ofereça para ser voluntário em organizações que realmente fazem a diferença ou participe de projetos que promovam a melhoria da vida das pessoas ao seu redor.

Lembre-se de que assumir responsabilidades também requer disposição para enfrentar as consequências das suas ações. É fundamental ser responsável pelos seus erros e, mais importante ainda, aprender com eles. Quando

necessário, peça desculpas de forma sincera e se empenhe em corrigir as falhas que cometeu. Essa postura demonstra maturidade, além de fortalecer sua credibilidade e a confiança que os outros têm em você.

Por fazer isso, você deixa de ser um espectador que assiste passivamente o que acontece no seu dia a dia e se torna um agente de mudança. Nunca se esqueça de que suas ações e decisões têm um impacto direto em sua vida e na vida daqueles que convivem com você. Portanto, seja responsável por criar o futuro que deseja ver.

 LIDO

 REFLEXÕES DIÁRIAS

NÃO TENHA MEDO DE ASSUMIR RESPONSABILIDADES. ABRAÇÁ-LAS É UM SINAL DE **FORÇA E LIDERANÇA.**

SEJA UM LÍDER EM SUA PRÓPRIA VIDA E VEJA COMO **SUA INFLUÊNCIA** SE ESPALHA, CRIANDO UM MUNDO MELHOR PARA TODOS.

# O OBJETIVO DE UM LÍDER É AJUDAR OS OUTROS

Como líder, em sua vida cotidiana, você tem a oportunidade de fazer uma diferença positiva nas pessoas. Mas o que exatamente significa ser um líder? Muitas vezes, associamos a liderança a posições de autoridade ou a pessoas que estão no topo de uma hierarquia. No entanto, a verdadeira essência da liderança está em sua capacidade de ajudar e inspirar os outros.

**Liderança não é uma posição, é uma atitude.**

Quando você adota a mentalidade de servir aos outros, torna-se um promotor da empatia, do altruísmo e do bem-estar. Suas ações, palavras e exemplo inspiram as pessoas a se tornarem melhores versões de si mesmas.

Ao ajudar os outros a crescer e se desenvolver, você também está contribuindo para o bem maior da sociedade.

Essa abordagem fortalece os laços entre as pessoas, criando um ambiente mais colaborativo. Sendo assim, não espere por uma oportunidade formal de liderança. Comece agora em seu próprio círculo de influência. Seja um ouvinte atento, um conselheiro sábio e um amigo leal. Ao fazer isso, você estará cumprindo seu verdadeiro propósito como líder.

A liderança está presente em cada decisão que você toma, em cada gesto que você oferece. Ela se revela na forma como trata os outros, como responde aos desafios e como escolhe ser uma força positiva no mundo. O verdadeiro líder busca a satisfação de saber que está fazendo a diferença na vida das pessoas. E essa é a liderança em sua forma mais pura.

○ **LIDO**

**REFLEXÕES DIÁRIAS**

# QUALQUER PESSOA PODE LIDERAR

Você já se viu em uma situação em que precisava tomar a iniciativa, mas hesitou por não se considerar um líder? Acredite, a liderança não é um dom reservado a poucos escolhidos. Ela é, na verdade, uma habilidade que pode ser desenvolvida e aplicada em todos os aspectos da sua vida.

A liderança começa com a capacidade de liderar a si mesmo. Quando você estabelece metas claras, cria hábitos saudáveis e toma decisões conscientes, está, na prática, exercendo a liderança sobre a sua própria vida. Esse autocontrole e autoconhecimento são a base para liderar os outros de forma eficaz e inspiradora.

Cada vez que sai da sua zona de conforto e enfrenta um desafio com coragem, você está liderando. Quando compartilha conhecimento, oferece ajuda ou expressa gratidão, você está exercendo a liderança.

Essas ações diárias, aparentemente pequenas, têm o poder de transformar vidas e desencadear ações que beneficiem a coletividade.

Não se limite por achar que a liderança não é para você. Reconheça a liderança dentro de si e permita que ele se manifeste. Seja um exemplo. Inspire os outros. Quando lidera com o coração e a mente alinhados, você cria o poder de mudar o mundo, um dia de cada vez.

○ **LIDO**

# A LIDERANÇA NÃO PRECISA SER PERFEITA

A ideia de que um líder deve ser perfeito é um mito que pode gerar pressões desnecessárias. Você não precisa ter todas as respostas, ou nunca cometer erros, para ser um líder eficaz no seu dia a dia. Na verdade, a sua humanidade e vulnerabilidade podem ser seus maiores aliados.

As pessoas se conectam mais com quem é autêntico e real. Por essa razão, admitir falhas e aprender com elas demonstra coragem e sabedoria. Quando você reconhece suas limitações, mostra que está disposto a crescer e a melhorar. Isso inspira os outros a fazerem o mesmo, e os deixa à vontade para serem quem realmente são.

Liderar é, antes de tudo, ser um exemplo de humildade e resiliência. É aceitar que cada dia é uma nova oportunidade de aprender e evoluir, sem medo de mostrar

suas imperfeições. Sua capacidade de ultrapassar seus erros e seguir em frente com determinação faz de você um líder digno de respeito.

**A verdadeira liderança está em ser real e não em ser infalível.**

Tenha em mente que o que realmente fará de você um bom líder é a sua disposição em ser autêntico, aprender de forma contínua e agir com integridade.

No final das contas, liderar é ter a coragem de ser fiel a si mesmo, abraçando tanto seus pontos fortes quanto seus desafios.

○ **LIDO**

# O VALOR DE UMA LIDERANÇA ASSERTIVA

A liderança assertiva permite que você se faça ouvir e respeitar. Ser assertivo, diferente do que muitos pensam, não significa ser agressivo, mas sim se expressar de forma clara e honesta, sem desrespeitar os outros. Ao adotar uma postura assertiva, você se torna capaz de comunicar suas ideias e sentimentos de maneira direta, mas com empatia e consideração.

Isso é essencial para criar um ambiente onde todos se respeitam. Ao se posicionar com confiança e clareza, você mostra que valoriza a sua própria opinião, e também escuta e respeita a dos outros. Esse equilíbrio permite que outras pessoas também se sintam confortáveis para compartilhar suas próprias ideias e preocupações.

Além disso, uma liderança assertiva facilita a tomada de decisões. Ao confiar em suas opiniões e instintos, você

se torna mais proativo na busca por soluções, o que fortalece sua autoconfiança e transmite credibilidade aos outros.

No seu cotidiano, pratique a assertividade ao expressar seus pensamentos e sentimentos de forma respeitosa. Observe como essa abordagem não só melhora suas interações, mas também estabelece um padrão de comunicação saudável para aqueles ao seu redor.

○ **LIDO**

# O FOCO PRINCIPAL

Quando você pensa em Liderança Inspiradora, o foco principal deixa de ser os "resultados" e passa a ser o bem-estar das pessoas. Não se trata de estar no comando, e sim de se conectar e apoiar quem está ao seu lado. Tudo começa com o seu comportamento e a forma como você trata os outros no seu cotidiano.

Quando se dedica a cultivar uma dinâmica na qual todos se sintam apoiados e valorizados, você está construindo a base para que os resultados positivos surjam naturalmente e genuinamente. Esse tipo de liderança começa com a maneira como você se relaciona com outras pessoas. Ao mostrar empatia, encorajamento e cuidado, você eleva o nível de motivação e engajamento.

Não é sobre impor metas ou resultados, é sobre promover um cenário onde as pessoas se sintam bem para dar o melhor de si. Sempre que o bem-estar das pessoas é a prioridade, elas se sentem mais confiantes e felizes. Isso faz com que trabalhem com mais dedicação e criatividade, resultando em conquistas que fluem naturalmente.

A liderança eficaz não se trata de impor metas ou resultados, mas de criar um ambiente onde as pessoas se sintam motivadas a dar o melhor de si. Quando o bem-estar é valorizado, a confiança e a satisfação aumentam, levando a um trabalho mais dedicado e criativo. Como consequência, os resultados surgem de forma natural.

 LIDO

**LIDERANÇA HUMANIZADA É O FUTURO DAS ORGANIZAÇÕES. PESSOAS VÊM ANTES DE RESULTADOS.**

# LIDERANÇA ATRAVÉS DA CONEXÃO

Não importa quantos cargos você tenha ou quantos títulos acumule—se não souber como se conectar com as pessoas, seu impacto será limitado. Títulos podem até abrir portas e proporcionar oportunidades, mas é a forma como você trata as pessoas que realmente determinará o quão longe irá chegar.

Seu comportamento diário, sua comunicação e a empatia que transmite são os principais elementos que moldam a maneira como os outros o percebem. Ser alguém que escuta, compreende e apoia tem um valor muito maior do que qualquer título ou posição que você ocupe.

**O seu legado será definido pelo modo como você fez os outros se sentirem, e não pelo cargo que ocupou.**

Quando você dedica tempo e energia em entender as necessidades e preocupações das pessoas, sua liderança se torna mais impactante. Esse tipo de liderança é capaz de melhorar as relações interpessoais dentro do seu grupo, ao mesmo tempo em que contribui para um clima mais positivo e produtivo.

Ao focar em suas atitudes e no impacto real que exerce sobre aqueles com quem convive, você se torna um líder de verdade, independentemente do título que ostente. No fim das contas, é no cotidiano, através de ações genuínas e cuidadosas, que um líder realmente demonstra o seu valor.

○ **LIDO**

**REFLEXÕES DIÁRIAS**

# PROPÓSITOS E PRINCÍPIOS

Muitas vezes, você vai se deparar com situações em que fazer a coisa certa não traz um reconhecimento imediato ou uma vantagem clara. Esses momentos podem parecer desafiadores ou, até mesmo, desanimadores. No entanto, é justamente nesses momentos que a liderança se constrói. Afinal, a verdadeira liderança não depende de recompensas imediatas.

Quando você escolhe agir com integridade, mesmo quando ninguém está olhando, está solidificando seu papel como líder em sua vida cotidiana. Seja por ajudar alguém sem esperar nada em troca ou por tomar uma decisão difícil que sabe ser a certa, mesmo sem um benefício imediato, você está moldando o seu caráter como líder.

A verdadeira construção da liderança vem da consistência em fazer o que é certo movido pelos seus princípios, não em busca de recompensas. Com o tempo, essa dedicação se reflete na forma como as pessoas o percebem.

Elas poderão observar que você está alinhado com seus valores e que suas ações são guiadas por um propósito mais profundo.

Então, continue fazendo o que é certo, mesmo que a recompensa não seja imediata. A verdadeira liderança é agir com valor e propósito, e é isso que constrói respeito e gera um impacto positivo na vida das pessoas, criando uma influência que transcende qualquer benefício imediato.

A FORÇA DE UM LÍDER É MEDIDA PELA **CONSISTÊNCIA** EM HONRAR SEUS PRINCÍPIOS, NÃO PELOS **APLAUSOS** QUE RECEBE.

**SEÇÃO 2**

# LIDERANÇA NO AMBIENTE DE TRABALHO

# PAIXÃO E CLAREZA

Ao liderar uma equipe com paixão e clareza, você gera uma energia contagiante que inspira e motiva o grupo a se unir à sua causa. Nesse processo, a paixão pelo que você faz não deve ser apenas uma emoção pessoal; ela deve transbordar na maneira como você interage e engaja com os outros.

Quando você está genuinamente entusiasmado com sua missão, esse entusiasmo é palpável. Ele se reflete na forma como você fala, como você age e até mesmo em como você enfrenta desafios. As pessoas da equipe percebem essa paixão e são naturalmente atraídas por ela.

Mas a paixão sozinha não é suficiente. A clareza de visão é o que realmente dá forma ao entusiasmo. Saber exatamente onde você quer chegar e comunicar essa visão de maneira clara é fundamental para o sucesso. Dessa forma, a equipe pode visualizar o objetivo e entender como suas ações contribuem para alcançá-lo. Isso cria um alinhamento que torna cada passo dado mais significativo e direcionado.

Por combinar paixão com clareza, você constrói um ambiente onde a motivação flui naturalmente. A equipe se sente inspirada a se dedicar mais, a oferecer suas melhores contribuições e a se envolver de forma mais profunda. Essa combinação, por sua vez, cria uma atmosfera positiva e encorajadora, fazendo com que todos estejam comprometidos com a mesma causa.

○ **LIDO**

**REFLEXÕES DIÁRIAS**

A **MOTIVAÇÃO** DE UM LÍDER É O **COMBUSTÍVEL** QUE MOVE UMA EQUIPE INTEIRA.

# EM BUSCA DO SUCESSO COLETIVO

Como Líder Inspirador, sua missão é sempre buscar o sucesso coletivo. Ou seja, unir e motivar a equipe em torno de um objetivo comum. Trata-se de construir uma visão compartilhada, em que todos se sintam incluídos e comprometidos com o sucesso coletivo.

Para alcançar esse feito, comece promovendo a colaboração e a comunicação aberta. Incentive a troca de ideias e o trabalho em equipe, e certifique-se de que cada membro entenda como seu papel contribui para o todo.

Mostrar apreço pelo esforço de cada um e celebrar os pequenos e grandes sucessos ao longo do caminho ajuda a manter a equipe engajada.

É igualmente essencial fazer com que todos tenham clareza sobre os objetivos e acompanhem o progresso. Quando as pessoas percebem o impacto do seu trabalho no sucesso geral, elas se sentem mais comprometidas e motivadas. O sucesso coletivo acontece quando todos trabalham juntos, compartilhando responsabilidades e apoiando uns aos outros.

Não esqueça que um time unido e bem orientado tem muito mais chances de alcançar grandes feitos. Dessa maneira, foque em promover uma dinâmica de colaboração e reconhecimento, e você verá as conquistas surgirem como consequência natural.

○ **LIDO**

**REFLEXÕES DIÁRIAS**

# AMBIENTE COLABORATIVO E INSPIRADOR

Por desenvolver um ambiente onde a comunicação aberta é a norma, a liderança encoraja os membros a compartilhar ideias, trocar *feedbacks* e resolver problemas juntos. Isso cria uma cultura de cooperação em que todos se sentem parte de um esforço comum, em vez de estarem em competição constante uns com os outros.

Fomente oportunidades para discussões em grupo, onde todos têm voz e a chance de contribuir. Crie espaços onde os membros possam colaborar em projetos, *brainstormings* e decisões importantes, o que reforça o sentimento de pertencimento e responsabilidade.

Evite práticas que promovam a competição desleal ou incentivem o isolamento de membros da equipe. Em vez disso, celebre os sucessos coletivos e reconheça o valor da colaboração na conquista dos objetivos. Ao destacar a importância do trabalho em equipe, você diminui a rivalidade e o ressentimento, criando um ambiente mais positivo e produtivo.

**O seu papel como líder é incentivar o diálogo e a colaboração em vez da competição e do isolamento.**

Ao investir em práticas que incentivam a colaboração e o diálogo, constrói-se uma equipe mais inspirada. Esse ambiente positivo ajuda a elevar o ânimo, o que, por sua vez, aumenta a disposição e a criatividade dos integrantes.

Quando todos se sentem parte de um esforço coletivo, tornam-se mais propensos a pensar fora da caixa e a contribuir com ideias inovadoras.

○ **LIDO**

**REFLEXÕES DIÁRIAS**

# INCENTIVANDO A AUTENTICIDADE

Você quer ter um espaço de trabalho vibrante e realmente produtivo? Como líder, você já tem o poder para criá-lo, mas como Líder Inspirador, esse poder é multiplicado. Sem dúvida, está em suas mãos criar um ambiente de trabalho onde cada membro se sinta à vontade para ser quem realmente é, sem medo de julgamentos ou repreensões.

Quando você encoraja as pessoas do time a serem autênticas, está abrindo a porta para um trabalho muito mais criativo e inovador. Então, elimine da sua vida aquele olhar rígido e totalmente crítico para novas formas de pensar e permita que os membros da equipe compartilhem suas ideias e opiniões de maneira honesta. Isso abrirá o caminho para que você conheça e valorize a diversidade de pensamentos e abordagens. Quando as pessoas se sentem livres para serem elas mesmas, elas revelam suas melhores ideias e talentos, o que resulta em soluções mais robustas e originais.

Portanto, celebre as individualidades e as contribuições únicas de cada pessoa, mostrando que valoriza a autenticidade ao reconhecer e apoiar as qualidades e perspectivas de cada um.

○ **LIDO**

**REFLEXÕES DIÁRIAS**

A LIDERANÇA COMEÇA COM **EMPATIA** E SE MANTÉM COM **RESPEITO**.

# CONHEÇA A SUA EQUIPE

Sua posição de liderança permite que você modele a dinâmica da sua equipe quando desenvolve relacionamentos saudáveis com eles. A melhor maneira de fazer isso é por investir tempo para conhecer as individualidades, interesses e motivações de cada membro. Tenha em mente que isso não é da noite para o dia – vai exigir um esforço contínuo da sua parte.

Ainda assim, no dia a dia, envolva-se em conversas mais profundas com sua equipe. Em vez de se limitar a reuniões formais, busque oportunidades para interagir de maneira informal. Pergunte sobre os interesses pessoais de cada membro e esteja genuinamente interessado no que eles têm a compartilhar.

**Demonstrar interesse genuíno vai além de fazer perguntas superficiais; trata-se de ouvir atentamente e compreender o contexto de cada pessoa.**

Participe de eventos sociais, como almoços ou cafés, e use esses momentos para conhecer melhor os membros da equipe fora do ambiente de trabalho. Faça as pessoas se sentirem confortáveis para falar sobre suas metas pessoais e experiências e afaste qualquer tipo de receio que possam ter por conta de sua posição de líder.

Além disso, observe as interações diárias e se atente às dinâmicas entre os membros da equipe. Ajuste sua abordagem e seu estilo de liderança com base no que você aprende sobre cada indivíduo. Dessa forma, demonstra-se o valor de cada pessoa como ser único, com o compromisso de apoiar seu crescimento e bem-estar.

○ **LIDO**

**REFLEXÕES DIÁRIAS**

# A HUMILDADE COMO PRINCIPAL CARACTERÍSTICA

Como líder, você pode ser levado a acreditar que a autoridade e o poder são os pilares de uma liderança eficaz. No entanto, sua força está na humildade, na capacidade de reconhecer e apreciar o valor dos outros, sempre lembrando que você não tem todas as respostas.

A humildade é uma qualidade muitas vezes mal compreendida. Para ser humilde, um líder não precisa se rebaixar ou negar suas conquistas. A essência dessa qualidade está em admitir que, mesmo com seus sucessos, você ainda tem muito a aprender.

**A verdadeira grandeza na liderança também é medida pela sua capacidade de servir aos outros com humildade.**

Ser um líder humilde significa celebrar suas conquistas sem deixar de reconhecer o papel vital que outras pessoas desempenharam para que você chegasse lá. É entender que, por trás de cada vitória, há uma rede de apoio e colaboração que merece reconhecimento e agradecimento.

A liderança se baseia naqueles que você influencia. Ao colocar as necessidades e interesses dos outros à frente, você se torna um líder mais eficaz e admirado. A humildade, por sua vez, permite que você construa relacionamentos autênticos e duradouros, algo essencial para o sucesso de qualquer líder.

○ **LIDO**

**REFLEXÕES DIÁRIAS**

A **HUMILDADE** É A MARCA DE UM LÍDER QUE NUNCA PARA DE **APRENDER**.

# O COMERCIANTE DA ESPERANÇA

A sua responsabilidade como líder vai muito além de gerir tarefas. Como Líder Inspirador, você pode se tornar um verdadeiro "Comerciante da Esperança". Pense nisso: ninguém quer viver em um ambiente sem perspectiva, sem algo pelo qual valha a pena lutar. Então, a sua equipe precisa de alguém que ofereça mais do que direção, ela precisa de alguém que ofereça um propósito claro.

Todos têm dias difíceis, momentos de dúvida e incerteza. É aí que você entra. Quando você compartilha sua visão e demonstra que acredita em um futuro melhor, seja para um projeto ou para a organização como um todo, você acende a esperança nos corações das pessoas do seu time. Elas começam a visualizar um objetivo no horizonte que talvez antes estivesse fora de vista.

Sua missão vai além de liderar; é também iluminar o caminho, mostrando que sempre há um futuro digno de ser alcançado.

Ser um "Comerciante da Esperança" não significa ignorar os desafios ou fingir que tudo está bem quando não está. Pelo contrário, é reconhecer as dificuldades, mas também lembrar que elas podem ser superadas, que há sempre uma luz no fim do túnel. Você deve ser um porto seguro, o motivador que lembra a todos que, sim, há um amanhã melhor e que vale a pena ser conquistado.

Seja fonte de inspiração. Por eles e por você mesmo. Enfrente as batalhas heroicamente e transmita a confiança de que, juntos, vocês alcançarão tudo aquilo que almejam.

○ **LIDO**

**REFLEXÕES DIÁRIAS**

# LIBERDADE E RESPONSABILIDADE

Liberdade e responsabilidade são dois lados da mesma moeda na liderança. Ao exercê-la, você tem o desafio de equilibrar essas duas forças para criar um ambiente onde sua equipe possa ter sucesso.

Dar liberdade aos membros do time não é renunciar ao controle, mas confiar nas habilidades e no julgamento deles. Por dar espaço para que as pessoas tomem decisões e explorem suas ideias, a liderança demonstra que acredita no potencial delas.

No entanto, essa liberdade de ação precisa vir acompanhada da responsabilidade pelos resultados que ela gera. Você pode encorajar sua equipe a inovar e testar novas abordagens, mas sempre dentro de um quadro onde os objetivos e expectativas estejam bem definidos.

Converse abertamente com sua equipe sobre essa dinâmica. Mostre que você confia neles para tomar as rédeas em seus projetos, mas que também espera que assumam a responsabilidade pelo que fazem. Essa abordagem, além de empoderar as pessoas, cria um senso de compromisso e dedicação maior.

No final, você verá que, ao combinar liberdade com responsabilidade, sua equipe se torna mais engajada, proativa e capaz de alcançar resultados excepcionais.

○ **LIDO**

**REFLEXÕES DIÁRIAS**

O VERDADEIRO PODER DA LIDERANÇA ESTÁ EM FAZER SUA EQUIPE BRILHAR.

# COMUNICAÇÃO EMPÁTICA

A comunicação empática é uma das ferramentas mais poderosas que você pode usar como líder. Em vez de simplesmente transmitir uma mensagem de qualquer forma, você precisa se conectar com as emoções e perspectivas das pessoas com quem está se comunicando.

Isso implica em ouvir ativamente, demonstrar compreensão das preocupações dos outros e responder de maneira assertiva e compassiva. Quando o ambiente está tenso, é fácil cair na armadilha de ser excessivamente direto ou até impaciente.

Mas é justamente nessas horas em que a empatia se torna ainda mais importante. Antes de responder, respire fundo e coloque-se no lugar da outra pessoa. Como você se sentiria se estivesse na posição dela? O que você gostaria de ouvir? Ao abordar uma situação de estresse com empatia, você pode desarmar conflitos e criar um espaço seguro para todos.

Quando a sua equipe sente que você se importa, ela se torna mais unida, resiliente e pronta para enfrentar qualquer desafio que surgir.

Dessa maneira, use a empatia para reforçar a confiança dentro do time. Mostre que você está disponível para ouvir, mesmo quando o cenário é difícil. Tenha em mente que a comunicação empática é o pilar mais importante na construção de relacionamentos fortes.

○ LIDO

REFLEXÕES DIÁRIAS

# ESCUTA ATIVA

Escutar ativamente é uma habilidade subestimada, mas essencial para qualquer líder que queira entender verdadeiramente a sua equipe. Quando se dedica a ouvir com sinceridade, você vai além de coletar dados e estimula um clima de diálogo e respeito. Isso fortalece o vínculo de confiança e encoraja os membros do seu time a se expressarem com mais autenticidade.

Ao praticar a escuta ativa, você também começa a perceber nuances e detalhes que podem passar despercebidos em uma comunicação superficial. São nesses momentos que surgem os melhores *insights*, as ideias inovadoras e até mesmo soluções para problemas que antes pareciam sem saída.

Mostrar que você está realmente interessado no que cada pessoa tem a dizer faz com que elas se sintam parte importante do processo. Igualmente, a escuta ativa ajuda a identificar possíveis conflitos ou mal-entendidos antes que eles se tornem grandes problemas. Certamente, quando ouve com atenção, você pode intervir de maneira mais assertiva.

Por isso, lembre-se: muitas vezes, o caminho para ter bons resultados como líder está na forma que você escuta. Permita que sua equipe fale e perceba como isso pode transformar o clima organizacional e os resultados como um todo.

○ **LIDO**

**REFLEXÕES DIÁRIAS**

_____
_____
_____
_____
_____
_____
_____
_____
_____
_____
_____
_____

## SEÇÃO 3

# O MAL QUE LÍDERES RUINS PODEM CAUSAR

# A CAPACIDADE DE DESTRUIR BONS PROFISSIONAIS

Como líder, você pode influenciar e guiar a trajetória profissional da sua equipe de maneira profunda. Sua influência pode ser um verdadeiro catalisador para o sucesso ou, se mal direcionada, um obstáculo ao desenvolvimento dos membros do seu time.

Sem dúvida, um gestor despreparado ou inadequado tem o potencial de causar estragos irreparáveis na carreira de um profissional talentoso. Comportamentos autoritários, falta de *feedbacks* construtivos ou a negligência podem sufocar o potencial dos membros da sua equipe e criar um ambiente tóxico e desmotivador.

Da mesma maneira, um profissional qualificado e promissor, sem devida a orientação e suporte, pode se sentir desmotivado e inseguro, comprometendo seu desempenho e seu crescimento pessoal e profissional. Esse impacto negativo pode afetar a moral da equipe e limitar o potencial coletivo.

**A sua liderança deve ser um reflexo direto daquilo que você deseja ver em sua equipe.**

Valorize cada membro do seu time, forneça *feedbacks* honestos e construtivos e demonstre um interesse genuíno pelo crescimento de cada um. Ao fazer isso, você não só evita prejudicar as carreiras dos seus colaboradores, como cria um ambiente de trabalho estimulante, onde todos têm a oportunidade de prosperar e atingir seu pleno potencial.

**LIDO**

**REFLEXÕES DIÁRIAS**

# LÍDERES AUTORITÁRIOS

Um líder autoritário, que centraliza o poder, estabelece um regime de controle que limita tanto a criatividade quanto o potencial da equipe. Esse tipo de liderança vê a delegação como uma ameaça, temendo que, ao dividir o poder, sua própria influência diminua.

Assim, cada decisão é filtrada pela limitação de uma visão singular. Em vez de distribuir a autoridade e permitir que a equipe se desenvolva, a liderança centraliza tudo. Esse controle excessivo pode transformar o ambiente de trabalho em uma arena de conformidade, onde os membros da equipe se tornam apenas ecoadores de ordens. Os colaboradores, privados da oportunidade de tomar decisões e explorar novas ideias, acabam se sentindo desmotivados. A liderança autoritário, por sua vez, ao se recusar a delegar e compartilhar o poder, limita o crescimento dos membros da equipe e sacrifica a chance de criar uma cultura de inovação e dinamismo.

Nesse cenário, a verdadeira tragédia é a perda gradual de talentos que, em condições diferentes, poderiam ter alcançado realizações extraordinárias. O legado de um líder autoritário torna-se, então, um ambiente marcado pela mediocridade, onde não existem ideias nem inovação, apenas a sombra do controle absoluto.

○ **LIDO**

**REFLEXÕES DIÁRIAS**

# O PERIGO DE FALAR ANTES DE PENSAR

Falar sem pensar pode causar danos que são difíceis de reparar. A pressa em responder, especialmente em momentos de tensão, conduz um líder a falar palavras que não refletem o que ele realmente deseja comunicar. Por exemplo, comentários maldosos e que não levam em consideração o impacto emocional que terão nos outros.

Antes de falar, a Liderança Inspiradora deve sempre se perguntar: *Isso é empático? É necessário? É educado? É sábio?* Essas perguntas funcionam como um filtro que ajuda a evitar respostas impulsivas.

Ser empático significa considerar como suas palavras serão recebidas e como podem afetar o outro. Questionar-se sobre a necessidade de comunicar algo ajuda a evitar o excesso de informações, que muitas vezes pode confundir mais do que esclarecer. A educação é fundamental para preservar o respeito, mesmo em situações desafiadoras. E a sabedoria assegura que as palavras escolhidas acrescentem positivamente ao ambiente.

Um líder que se dá um tempo para pensar antes de falar consegue estabelecer um clima agradável de respeito. Suas palavras passam a ser vistas como construtivas, em vez de impulsivas e prejudiciais. Isso fortalece as relações dentro da equipe e, também, demonstra maturidade e autocontrole.

Refletir antes de falar é uma habilidade que todo líder deve cultivar, pois a maneira como se comunica pode determinar o sucesso ou o fracasso de sua liderança.

○ **LIDO**

**REFLEXÕES DIÁRIAS**

UM LÍDER QUE **ESCOLHE** SUAS **PALAVRAS** COM SABEDORIA TRANSFORMA CONVERSAS EM **PONTES,** E NÃO EM **MUROS**.

# A DIFERENÇA ENTRE UM LÍDER E UM CHEFE

A diferença entre um chefe e um líder está na atitude e na abordagem. Um chefe muitas vezes se concentra no poder que o cargo lhe confere, controlando, delegando e impondo. Ele se preocupa em garantir que as tarefas sejam concluídas, seguindo regras rígidas e focando nos resultados a qualquer custo.

Um líder, por outro lado, vê a equipe como parceiros. Ele entende que o seu papel é inspirar e guiar. Um líder se preocupa com o desenvolvimento dos membros da equipe, ajudando-os a crescer e a alcançar seu potencial máximo. Ele está disposto a ouvir, a aprender com o time e a criar um espírito de união entre todos.

Enquanto o chefe pode gerar medo e insegurança, a liderança inspira confiança e respeito. O chefe pode ser eficaz em alcançar metas no curto prazo, mas a liderança constrói um legado, criando um time que se compromete com as tarefas e com a visão que ele representa.

Um chefe dá ordens, enquanto um líder orienta. A principal diferença está na capacidade de ver além das metas imediatas e reconhecer o valor das pessoas que tornam essas metas possíveis. A escolha de qual papel desempenhar é sua.

○ **LIDO**

**REFLEXÕES DIÁRIAS**

# ESTÍMULO À ALTA ROTATIVIDADE

Um líder ruim é uma das principais causas de alta rotatividade dentro de uma empresa. Quando ele não consegue criar um ambiente de trabalho saudável, os efeitos são sentidos diretamente no comportamento e na motivação da equipe. Funcionários que se sentem desvalorizados ou maltratados começam a procurar por novas oportunidades, uma vez que ninguém quer ficar em um lugar onde não se sente respeitado ou ouvido.

Expectativas mal comunicadas e uma liderança baseada no medo ou na pressão acabam criando um espaço tóxico. Em vez de incentivar o crescimento e o desenvolvimento profissional, um líder ruim faz com que os funcionários se sintam estagnados e sem perspectiva. Isso leva à frustração, ao desânimo e, eventualmente, à decisão de sair da empresa.

Ademais, a falta de reconhecimento e oportunidades para avançar na carreira leva bons profissionais a buscarem empresas onde possam se desenvolver e ser valorizados. A rotatividade aumenta, o clima organizacional piora e, no final, a empresa perde talentos que poderiam ter contribuído para o seu sucesso.

Sem dúvida, a presença de um líder ruim afeta também a reputação da empresa. Organizações com alta rotatividade perdem tempo e recursos tendo que treinar novos funcionários, enquanto aqueles que poderiam estar contribuindo para o seu crescimento saem em busca de um ambiente de trabalho melhor. Isso cria um ciclo negativo que é difícil de quebrar até que a liderança seja revista e melhorada.

○ **LIDO**

**REFLEXÕES DIÁRIAS**

# RESPONSABILIDADE PELA DETERIORAÇÃO DOS VALORES

Um líder ruim é como uma maçã podre em uma cesta cheia de frutas frescas. Além de impactar os outros, ele compromete a integridade de toda a cesta – ou, no caso de uma empresa, a cultura organizacional. Quando um líder não vive os valores defendidos pela empresa, ele começa a corroer esses princípios de dentro para fora.

Valores como respeito, transparência e colaboração são essenciais para manter uma equipe unida e motivada. No entanto, um líder que age de maneira contrária – talvez tratando os funcionários com desrespeito, manipulando informações ou promovendo a competição tóxica – acaba criando um ambiente onde essas qualidades são esquecidas.

A equipe, que deveria se espelhar na liderança, começa a adotar comportamentos negativos, minando a cultura que a empresa busca estabelecer.

Aos poucos, a confiança entre os membros da equipe se dissolve, a comunicação se torna cada vez mais difícil, e a colaboração transforma-se em uma luta de egos. Quando os valores fundamentais são corrompidos, a empresa perde sua identidade e o ambiente de trabalho se torna um lugar onde ninguém quer estar.

Assim, um líder ruim não só deixa de construir e fortalecer a cultura da empresa, como também a destrói, comprometendo o futuro da organização. Manter os valores vivos é uma das responsabilidades da liderança e quando essa responsabilidade é negligenciada, a cultura organizacional se desintegra, deixando a empresa vulnerável e enfraquecida.

○ **LIDO**

**REFLEXÕES DIÁRIAS**

LÍDERES FORTES ENXERGAM **POTENCIAL** ONDE OUTROS VEEM **LIMITAÇÕES**.

# O COPO MEIO VAZIO NA LIDERANÇA

Um líder pessimista é aquele que, em vez de inspirar e motivar sua equipe, acaba drenando a energia dela. Ele é o tipo de pessoa que sempre vê o copo meio vazio, nunca reconhece os esforços da equipe e está constantemente esperando o pior. Em vez de enxergar desafios como oportunidades de crescimento, ele os trata como obstáculos intransponíveis.

Esse tipo de líder está sempre pronto para apontar os problemas, mas raramente oferece soluções. Quando algo dá errado, ele é o primeiro a culpar os outros, sem assumir a responsabilidade que vem com a liderança. Essa atitude faz com que os membros da equipe sintam que nada do que fazem é suficiente. Aos poucos, a moral cai, e a motivação se esvai.

Além disso, a liderança que vê o mundo por uma lente pessimista descarta novas ideias antes mesmo de serem exploradas, e os membros da equipe começam a ter medo de sugerir qualquer coisa que possa ser considerada arriscada. O resultado é um time estagnado, que trabalha apenas para sobreviver, sem nenhuma paixão ou entusiasmo.

Um líder que sempre vê o copo meio vazio cria uma atmosfera de negatividade que, com o tempo, pode levar a uma alta rotatividade, já que os funcionários começam a procurar por lugares onde seu trabalho seja valorizado e onde possam crescer. Em outras palavras, esse tipo de liderança é o caminho certo para a mediocridade e para o fracasso.

Em última análise, um líder pessimista não apenas mina a confiança e a motivação da equipe, mas também impede o crescimento e o sucesso a longo prazo, deixando um legado de mediocridade que pode ser difícil de reverter.

○ LIDO

**REFLEXÕES DIÁRIAS**

# NÃO ADIANTA MUDAR O TIME INTEIRO

Mudar o time inteiro pode parecer a solução mais fácil quando as coisas não estão indo bem, mas, na verdade, é um erro grave se o problema real está na liderança. Muitas vezes, o que vemos são líderes que, em vez de olhar para si mesmos e suas decisões, preferem culpar a equipe. Trocam pessoas, mexem nas posições, fazem mudanças superficiais, mas não encaram o fato de que a raiz do problema está em quem toma as decisões.

**A verdade é a seguinte: se a liderança não é eficaz, nenhuma mudança na equipe vai resolver a situação.**

Um líder que não sabe orientar, que não dá *feedbacks* claros e que não inspira confiança, acaba criando um ambiente de trabalho disfuncional. Não importa quantas pessoas novas você coloque nesse ambiente, elas logo serão contaminadas pelos mesmos problemas.

A liderança é como o timoneiro de um navio. Não adianta trocar toda a tripulação se o capitão não sabe para onde está indo ou como conduzir o barco. Se a liderança é incapaz de tomar decisões estratégicas, de comunicar uma visão clara e de motivar seu time, o resultado será sempre o mesmo: frustração, desmotivação e, eventualmente, o fracasso.

Portanto, antes de pensar em mudanças radicais na equipe, é essencial que a liderança se autoavalie. Reconhecer os próprios erros, estar disposto a aprender e se desenvolver como líder pode ser a chave para transformar o desempenho de todo o time. Afinal, o sucesso de uma equipe começa com uma liderança forte, competente e comprometida com o crescimento de todos.

**LIDO**

**REFLEXÕES DIÁRIAS**

# SUBESTIMAR É PERDER GRANDES OPORTUNIDADES

A liderança que subestima os membros da sua equipe impede que eles mostrem todo o seu potencial, comprometendo assim o desenvolvimento da organização. Sua visão limitada transforma a equipe em meros executores de tarefas, em vez de incentivá-los a desenvolver novas ideias. Cada opinião que ignora, pode ser mais um talento perdido.

Esse líder evita correr riscos, preferindo manter as coisas como estão, impedindo a equipe de explorar possibilidades diferentes. Essa atitude faz com que o time fique estagnado, sem aproveitar grandes oportunidades que poderiam levá-lo a novos patamares. O verdadeiro problema está na falta de uma cultura que valorize a inovação e o aprendizado.

O maior erro de um líder é acreditar que seu julgamento é sempre o mais acertado. Ao desconsiderar as contribuições da equipe, ele limita o presente e compromete o futuro da empresa. As ideias que poderiam gerar soluções criativas ficam sem ser discutidas, afetando o ânimo da equipe, que começa a perceber que suas opiniões não têm valor.

No final, esse líder acaba criando uma empresa onde a falta de progresso se torna comum, e o crescimento é bloqueado. Ele se torna o responsável por essa estagnação, porque falha em reconhecer e nutrir os talentos dentro da equipe. Ao subestimar os outros, ele perde oportunidades e compromete a capacidade de transformar o potencial em resultados concretos.

○ **LIDO**

**REFLEXÕES DIÁRIAS**

# PRESSÃO NÃO É A SOLUÇÃO

Um líder ruim é aquele que acredita que pressionar constantemente a equipe resultará em melhores resultados. Se você pensa assim, é hora de reavaliar essa estratégia. A pressão, quando aplicada sem discernimento, pode até aumentar temporariamente o ritmo de trabalho, mas não resolve problemas. Pior ainda, pode acabar gerando novas dificuldades.

Ansiedade, *burnout*, falta de motivação – essas são as consequências de um ambiente de trabalho tóxico onde a pressão é a única linguagem que a liderança conhece. E quando a saúde da equipe começa a falhar, o desempenho, naturalmente, vai ladeira abaixo.

Um funcionário pode até conseguir cumprir metas imediatas, mas a que custo?

Uma liderança eficiente se manifesta na capacidade de inspirar, orientar e criar um ambiente onde as pessoas querem dar o seu melhor, não porque têm medo de falhar, mas porque estão comprometidas com o sucesso coletivo.

Se você, como líder, deseja alcançar resultados duradouros, construa confiança, respeito e colaboração. É essencial oferecer espaço para que as pessoas cresçam, cometam erros, aprendam e compartilhem suas melhores ideias. Isso sim é o que faz uma equipe prosperar.

○ **LIDO**

**REFLEXÕES DIÁRIAS**

## SEÇÃO 4

# LÍDERES QUE INSPIRAM CRESCIMENTO

# A FORÇA DO SUCESSO COLETIVO

Liderar não é sobre ser o único a brilhar. Uma Liderança Inspiradora entende que o seu sucesso não vem de se destacar individualmente, vem de elevar os outros. Abrir mão de brilhar sozinho para treinar os outros é um ato de grandeza, porque significa que você está disposto a dividir o palco.

Quando você investe em sua equipe, ensinando o que sabe, oferecendo suporte e criando oportunidades para que os outros brilhem, além de contribuir para o crescimento deles, você também fortalece toda a organização.

**Um líder que capacita outros líderes multiplica o impacto de sua liderança e cria um legado que perdura.**

E, ao fazer isso, algo interessante acontece: ao abrir mão de brilhar sozinho, você acaba brilhando ainda mais, porque as vitórias do seu time se tornam suas também. Então, você se torna uma referência, alguém que fez a diferença pelo que ajudou os outros a conquistarem.

○ **LIDO**

**REFLEXÕES DIÁRIAS**

# A COOPERAÇÃO EM BUSCA DOS MESMOS RESULTADOS

A liderança que treina outros sabe que o sucesso vem do esforço coletivo. É muito mais do que transmitir conhecimento – é criar uma base para que cada pessoa tenha a chance de crescer, contribuir e alcançar o sucesso junto com você.

Ao investir tempo e energia para orientar sua equipe, a liderança constrói uma rede de apoio na qual todos se fortalecem mutuamente. Isso melhora o desempenho individual e alinha a equipe em direção a objetivos comuns. Quando todos compartilham o mesmo entendimento e se sentem capacitados, as metas da organização se tornam mais claras e alcançáveis.

A cooperação gerada pelo treinamento cria uma sinergia única.

Cada membro da equipe se torna uma extensão da sua liderança, capaz de tomar decisões bem-pensadas e de agir com confiança. Essa dinâmica coletiva é poderosa – ela transforma desafios em oportunidades e obstáculos em conquistas.

Treinar os outros vai além de uma responsabilidade; é uma estratégia para construir um time forte e focado no sucesso. Quando todos estão bem-preparados e alinhados, os resultados superam as expectativas. Essa é a verdadeira essência de uma Liderança Inspiradora.

○ **LIDO**

**REFLEXÕES DIÁRIAS**

# O PAPEL DO MENTOR

Ser um mentor é estar profundamente envolvido no crescimento e desenvolvimento de cada membro da sua equipe. É como ser um guia que aponta o caminho e acompanha a jornada, oferecendo conhecimento e apoio ao longo de todo o percurso.

Para exercer esse papel de maneira efetiva, a liderança precisa começar ouvindo, ou seja, entendendo as aspirações, desafios e pontos fortes de cada pessoa. Isso ajuda a identificar as áreas em que eles precisam de orientação, e demonstra que você se importa com o desenvolvimento individual deles.

Ao contrário do que muitos pensam, o papel de um mentor vai além de ensinar habilidades técnicas. Ele também envolve o desenvolvimento de competências interpessoais, como comunicação eficaz e habilidades para resolver conflitos.

Ser um mentor é, acima de tudo, investir no sucesso dos outros. É fazer com que cada membro da equipe se sinta capacitado a alcançar seu pleno potencial. Quando você dedica tempo e esforço para orientar sua equipe dessa maneira, o resultado é um grupo motivado, unido e capaz de alcançar grandes resultados juntos.

○ **LIDO**

**REFLEXÕES DIÁRIAS**

LIDERAR É **DESAFIAR** A ZONA DE CONFORTO ENQUANTO OFERECE SUPORTE PARA O **CRESCIMENTO**.

# INCENTIVANDO A BUSCA POR MAIS RESPONSABILIDADES

Em vez de simplesmente delegar tarefas e esperar que sejam concluídas, você deve criar um espaço que estimule o desejo de desenvolvimento dentro da equipe.

Para iniciar esse processo, comece identificando as áreas em que os membros da sua equipe demonstram interesse ou habilidades naturais. Em vez de empurrar responsabilidades aleatoriamente, ofereça oportunidades que se alinhem com os seus talentos e suas áreas de interesse.

Ao dar a eles desafios maiores, ofereça recursos, treinamento e *feedbacks* constante para ajudá-los a se adaptar e prosperar. Mostre que você está comprometido com seu sucesso.

Outra parte essencial do treinamento é proporcionar espaço para a experimentação. Incentive sua equipe a tomar a iniciativa e tentar novas abordagens, mesmo que isso envolva riscos. Quando eles percebem que errar não significa falhar, mas que é uma oportunidade de aprendizado, se sentem mais confiantes para assumir responsabilidades maiores e explorar novas possibilidades.

Por desafiar e apoiar os membros de sua equipe, você faz com que eles se tornem capazes de desempenhar melhor suas funções, e se sintam estimulados a contribuir para o avanço da organização.

○ **LIDO**

**REFLEXÕES DIÁRIAS**

# O IMPACTO POSITIVO DE FORMAR NOVOS LÍDERES

Formar novos líderes é uma das mais poderosas contribuições que você pode fazer. Isso porque líderes bem treinados trazem novas perspectivas, soluções inovadoras e uma energia renovada para a equipe.

Eles são capazes de assumir responsabilidades maiores, liberar a liderança de tarefas rotineiras, permitindo que se concentre em estratégias de longo prazo. Além disso, ao desenvolver outros líderes, você está construindo uma cultura de liderança distribuída.

**Quando as pessoas notam que há oportunidades de crescimento e liderança, elas se tornam mais comprometidas com o sucesso da empresa.**

Formar novos líderes também é um legado que perpetua a visão e os valores da sua liderança. Quando você prepara outros para liderar, está garantindo que sua visão e suas práticas de liderança continuem a prosperar mesmo quando você não estiver diretamente envolvido.

Dessa forma, investir no desenvolvimento de líderes é uma estratégia transformadora. Afinal de contas, cada novo líder é uma extensão do seu impacto, perpetuando uma cultura de excelência e inovação que pode prosperar por muitos anos.

○ **LIDO**

**REFLEXÕES DIÁRIAS**

# TRANSFORMANDO OBSTÁCULOS EM APRENDIZADO

Os obstáculos são inevitáveis dentro de qualquer projeto, e uma Liderança Inspiradora e eficaz sabe como transformá-los em oportunidades de aprendizado para sua equipe. Então, quando um problema surgir, em vez de tornar esse um momento de estresse e desespero, use isso como um ponto de partida para o crescimento do time.

Ao se deparar com um cenário desafiador, mostre uma atitude positiva e encorajadora, buscando descobrir novas soluções com a ajuda da equipe. Um líder que tem uma mentalidade construtiva e aberta, faz com que a equipe se sinta motivada a aprender com cada experiência.

**Lembre-se: cada dificuldade superada é uma lição aprendida e uma oportunidade de se tornar mais forte.**

Esse processo de transformação de obstáculos em aprendizado é uma forma de treinamento que vai além dos métodos tradicionais. Quando a liderança consegue converter dificuldades em oportunidades de desenvolvimento, ele está ensinando à equipe na prática sobre mentalidade proativa, resiliência e capacidade de adaptação.

A verdadeira liderança se revela quando os desafios são enfrentados com coragem e uma atitude otimista, e quando a liderança consegue inspirar a equipe inteira a ver os obstáculos apenas como pontes para o sucesso.

○ **LIDO**

**REFLEXÕES DIÁRIAS**

# DIMINUINDO O EGO

Compartilhar conhecimento e oferecer suporte é uma ótima oportunidade de reduzir o próprio ego. Isso porque, em vez de ver outros profissionais como concorrentes, a liderança os passa a ver como parceiros.

A verdade é que ajudar alguém da mesma profissão não gera concorrência, gera admiração e respeito. Quando você treina e apoia outros, mostra que sua própria confiança não depende da competição, mas da colaboração. Esse tipo de liderança promove um espaço de aprendizado e apoio, em que todos se beneficiam.

Em vez de fomentar um clima de rivalidade, a liderança que treina e apoia inspira seus colegas a se engajarem também nesse ciclo de crescimento e solidariedade. Quando um líder adota essa postura, ele transforma todo o ambiente de trabalho, tornando-o mais cooperativo e positivo.

Não esqueça: a verdadeira liderança está em elevar as outras pessoas, criando uma atmosfera onde a concorrência é substituída pelo desejo de crescimento coletivo. Essa abordagem enriquece a equipe e fortalece a própria posição da liderança consolidando-o como um exemplo de excelência e generosidade.

○ **LIDO**

**REFLEXÕES DIÁRIAS**

LÍDERES FORTES **ENXERGAM** POTENCIAL ONDE OUTROS VEEM **LIMITAÇÃO**.

# LEMBRE-SE DO SEU COMEÇO

Líder, nunca se esqueça de onde você começou. Todos nós já estivemos em pontos iniciais da jornada, enfrentando desafios e buscando aprender com aqueles que estavam mais à frente. A experiência de crescer e se desenvolver profissionalmente é uma jornada que nunca deve ser esquecida.

Quando você olha para sua equipe, precisa ver além das suas tarefas diárias e lembrar que cada membro está em sua própria jornada de crescimento. Seu papel não se baseia em delegar tarefas, na verdade, trata-se de ser um mentor disposto a ajudá-los a alcançar novos patamares em suas carreiras.

Portanto, crie um ambiente onde os membros da sua equipe se sintam à vontade para aprender com você. Dedique parte do seu tempo e atenção para ensiná-los novas habilidades. Afinal, você não teria chegado onde está hoje se alguém não tivesse feito o mesmo por você, de alguma forma.

Assim como você recebeu ajuda e orientação no início da sua própria jornada, é seu dever agora oferecer o mesmo suporte aos outros.

Ao fazer isso, você constrói um legado de liderança que valoriza o desenvolvimento e o sucesso de todos. Seu compromisso com o crescimento de outros será um reflexo da jornada que você mesmo percorreu e uma contribuição significativa para o futuro da sua equipe e da organização.

○ **LIDO**

**REFLEXÕES DIÁRIAS**

# O TREINAMENTO COMO PARTE ESSENCIAL DA LIDERANÇA

Jack Welch, um renomado pensador sobre liderança, resumiu perfeitamente a importância de desenvolver pessoas ao afirmar: "Antes de você ser um líder, o sucesso é sobre o seu próprio crescimento. Quando você se torna um líder, o sucesso passa a ser sobre o crescimento dos outros."

**O verdadeiro sucesso em liderança se mede pelo impacto positivo que você tem na vida profissional dos membros da sua equipe.**

Cada sessão de treinamento, cada orientação e cada *feedback* é uma oportunidade de promover o crescimento coletivo e fortalecer a equipe como um todo. Ao investir tempo e esforço no treinamento do seu time, você se torna responsável por criar um ambiente onde todos podem prosperar.

Por sua vez, um ambiente que promove a prosperidade incentiva o aprendizado contínuo, e fomenta a colaboração e a inovação. Ele permite que cada indivíduo aproveite seu potencial máximo, contribuindo com suas habilidades e talentos únicos.

Dessa forma, para ter uma Liderança Inspiradora, invista no desenvolvimento de sua equipe criando uma cultura de excelência, onde a prosperidade de um reflete a prosperidade de todos, consolidando o sucesso da organização como um todo.

○ **LIDO**

**REFLEXÕES DIÁRIAS**

**SEÇÃO 5**

# O LEGADO DA LIDERANÇA

# AQUELE QUE AJUDA, APOIA E INCENTIVA

Imagine um líder como um jardineiro cuidadoso: seu sucesso não se mede apenas pela colheita, mas pelo cuidado, nutrição e cultivo de cada planta. Por isso, ele dedica seu tempo a regar, podar e proteger, fazendo com que cada uma tenha a chance de crescer forte e saudável. Esse é o verdadeiro papel de um líder que ajuda, apoia e incentiva.

Quando a liderança se dedica à sua equipe, é oferecido apoio quando necessário, incentivo nos momentos difíceis e cada pequena conquista ao longo do caminho é celebrada. Esse tipo de liderança tem o poder de transformar completamente a dinâmica da equipe, fazendo com que uma geração de profissionais capacitados leve adiante o espírito de colaboração e crescimento.

Com o tempo, a influência de um líder que realmente investiu no bem-estar e no desenvolvimento de sua equipe se espalha além das fronteiras da organização, fazendo com que seus ensinamentos e sua abordagem passem a inspirar também outras equipes e líderes futuros.

A liderança que acolhe, motiva e orienta deixa um legado que permanece vivo muito depois de sua passagem.

○ **LIDO**

**REFLEXÕES DIÁRIAS**

# COBRANDO RESULTADOS DE MANEIRA ÉTICA E HUMANA

Cobrar resultados de maneira ética e humana é uma habilidade essencial para qualquer líder. Saiba que é possível exigir alto desempenho e alcançar metas sem sacrificar o respeito e a dignidade dos membros da equipe. O segredo está em adotar uma abordagem que combine firmeza com empatia.

Primeiramente, é preciso ter clareza e transparência em relação às suas expectativas. Defina objetivos e metas com precisão e permita que todos saibam exatamente o que é esperado e o que é necessário para alcançar o sucesso. No entanto, cobrar resultados é mais do que ter uma comunicação clara; também diz respeito ao acompanhamento constante.

Como um líder ético, você deve oferecer *feedbacks* construtivos e específicos, em vez de críticas vagas ou punitivas. E lembre-se, esses *feedbacks* devem ser um diálogo, não um monólogo. Escute as preocupações e os desafios da sua equipe para entender as barreiras que podem estar impedindo o desempenho e, assim, ofereça a ajuda necessária.

**Um líder humano considera o bem-estar da equipe e é sensível às suas necessidades e circunstâncias.**

Não deixe que a cobrança de resultados se transforme em pressão excessiva ou um ambiente de trabalho tóxico. Assuma uma postura que combine clareza, suporte, reconhecimento e respeito, cobrando resultados de maneira que alcance metas e fortaleça a equipe, construindo um clima positivo e produtivo.

○ **LIDO**

**REFLEXÕES DIÁRIAS**

# UM DISCURSO VAZIO

Líder, lembre-se de que as palavras, por mais eloquentes que sejam, não têm impacto se não forem acompanhadas de ações concretas. Ou seja, a essência da sua liderança está em como você transforma as suas ideias em realidade através de ações diárias.

Tenha em mente que um líder é realmente lembrado pelo que faz. Promessas e discursos inspiradores podem até criar um impacto momentâneo, mas são as ações consistentes que moldam a confiança e o respeito da sua equipe por você. Então, quando prometer mudanças, melhorias ou apoio, aja de acordo. É isso que demonstra sua verdadeira intenção e compromisso.

Seus colaboradores observam atentamente o que você faz. Eles percebem se você é acessível, se mantém seus compromissos e se está genuinamente envolvido em apoiar o time. Cada decisão que você toma, cada momento que dedica para ouvir e entender os outros, cada atitude que demonstra integridade e responsabilidade, constrói sua reputação como líder.

Portanto, em vez de se concentrar em criar discursos inspiradores, foque em ser o tipo de líder que vive seus valores e princípios. Sua liderança será lembrada pelas pequenas e grandes ações que revelam seu verdadeiro caráter. Afinal, são essas ações que deixam uma marca duradoura e demonstram que suas palavras têm um propósito real e significativo.

○ **LIDO**

**REFLEXÕES DIÁRIAS**

**SEJA O TIPO DE LÍDER QUE VOCÊ GOSTARIA DE TER.**

# EXEMPLO DE CARÁTER E EMPATIA

Se você quer ser lembrado por ter uma Liderança Inspiradora, precisa ser um exemplo de caráter e empatia. Essas qualidades não devem ser aspectos desejáveis, e sim fundamentos que moldam a forma como você é percebido e respeitado por seus colaboradores.

Caráter é a base de toda liderança eficaz. É sobre ser íntegro, honesto e consistente em suas ações e decisões. Ser um líder de caráter significa manter seus princípios, mesmo quando é difícil, e agir com transparência e justiça. Um líder que demonstra caráter verdadeiro ganha respeito e inspira confiança e lealdade em sua equipe.

A empatia, por sua vez, é o coração da conexão humana. Ser empático é mais do que simplesmente ouvir. Estamos falando de se colocar no lugar dos outros e compreender suas emoções e perspectivas. Isso significa reconhecer e validar as experiências e sentimentos dos membros da sua equipe.

Nunca se esqueça de que seus comportamentos e atitudes se tornam um modelo para sua equipe. Se você agir com honestidade e respeito, inspirará os demais a fazerem o mesmo. Se você se esforçar para entender as preocupações e desafios de seus colaboradores, eles se sentirão apoiados e encorajados a se dedicar ao trabalho com mais entusiasmo.

○ **LIDO**

**REFLEXÕES DIÁRIAS**

# A LIDERANÇA NÃO SUPÕE, ELA PERGUNTA

A diferença entre uma Liderança Inspiradora e uma ruim, na maioria das vezes, está em como você se comunica. É fácil cair na armadilha de fazer suposições baseadas em intuições ou impressões superficiais, porém a verdadeira liderança exige um compromisso com a clareza e a compreensão. A liderança não supõe, ela pergunta.

Quando você supõe, corre o risco de basear suas decisões em informações incompletas ou incorretas, aumentando as chances de erro. Além disso, suposições, em geral, são moldadas por preconceitos ou experiências passadas, e podem levar a decisões que não refletem a realidade atual ou as necessidades reais da sua equipe.

Um grande líder adota a curiosidade como um princípio guia. Ele faz perguntas, busca compreender diferentes perspectivas e se dedica a reunir informações completas antes de tomar uma decisão. Fazer perguntas é uma prática que demonstra respeito e consideração. Quando você se mostra aberto ao diálogo e disposto a ouvir, a equipe sente que suas vozes são valorizadas e que suas contribuições têm impacto.

Portanto, a liderança que pergunta, ao invés de supor, cria bases para suas decisões e constrói um espaço de comunicação aberta e confiança. Agir assim demonstra um compromisso com a verdade e a excelência que, no final, vai definir a eficácia da sua liderança e o sucesso de sua equipe.

○ LIDO

REFLEXÕES DIÁRIAS

# UM PROPÓSITO BEM DEFINIDO

Um propósito claro vai muito além de uma mensagem de encorajamento, ele é a base sobre a qual todas as decisões e ações da liderança devem ser construídas. Sendo assim, representa a razão de sua liderança existir e o objetivo principal que você deseja alcançar.

Quando você, como líder, tem um propósito bem definido, isso oferece uma direção clara para suas estratégias. Essa clareza assegura que todas as ações estejam alinhadas com os objetivos e valores centrais do propósito. Com isso, cria-se consistência e coesão, evitando desvios e mantendo todos na equipe focados na mesma direção.

Em momentos de desafios ou mudanças, um propósito bem definido atua como uma bússola. Ele proporciona foco e direcionamento, ajudando a equipe a manter a motivação e a enfrentar obstáculos com resiliência. Saber que estão trabalhando em prol de um propósito maior dá aos membros da equipe a coragem e a perseverança necessárias para superar dificuldades.

Então, como líder, dedique tempo para definir e comunicar claramente o seu propósito. Certifique-se de que todos na equipe entendam e se conectem com essa visão. Somente assim você conseguirá inspirar e engajar a sua equipe de maneira genuína.

○ **LIDO**

**REFLEXÕES DIÁRIAS**

# VOCÊ SÓ É UM LÍDER QUANDO É REFERÊNCIA

A Liderança Inspiradora é aquele cujas ações falam mais alto do que suas palavras. Ele é o primeiro a se levantar e resolver desafios, a se comprometer com a qualidade e a demonstrar integridade em todas as suas ações.

Quando você se torna uma referência, estabelece um padrão para sua equipe. Sua dedicação, ética de trabalho e habilidades de comunicação fazem com que outros sintam vontade de seguir seu exemplo.

**A confiança que a liderança inspira transcende as suas decisões e se reflete em como ele se comporta diariamente.**

Além do mais, o seu compromisso com o crescimento pessoal e profissional leva as pessoas a quererem se espelhar em você. Portanto, não se contente em ser apenas chefe. Torne-se alguém que sua equipe admire e respeite por suas ações, não apenas por suas palavras. Seja a pessoa que você espera que seus colaboradores sejam.

Tenha em mente que a verdadeira liderança se mede pela influência positiva que você exerce, e não apenas pelo poder que detém. Liderar não é um cargo, mas uma responsabilidade que você assume ao se tornar uma referência constante de excelência e integridade.

○ **LIDO**

**REFLEXÕES DIÁRIAS**

# A LIDERANÇA EM UMA ERA DISRUPTIVA

Em uma era marcada por rápidas mudanças e inovações, liderar com uma abordagem inovadora é uma necessidade. Ser um líder inovador vai além de simplesmente adotar novas tecnologias; é sobre cultivar uma mentalidade de agilidade e adaptabilidade dentro da sua equipe, capacitando-os a prosperar em um ambiente em constante evolução.

Nesse sentido, em vez de se apegar rigidamente a métodos e estruturas antigas, promova a agilidade na mentalidade do seu time. Incentive a flexibilidade e a capacidade de se adaptar rapidamente às mudanças.

Igualmente, seja um modelo de adaptabilidade. Sua atitude em relação às mudanças influencia diretamente a sua equipe. Mostre abertura para novas abordagens e mantenha-se atualizado com as tendências emergentes.

Ao demonstrar que está disposto a se adaptar e evoluir, você inspira sua equipe a fazer o mesmo.

No final, uma liderança inovadora é aquela que antecipa as mudanças e as usa como uma plataforma para crescimento e excelência. Ao adotar essa abordagem, você guia sua equipe com eficácia e deixa um legado de adaptação e inovação que será a base para o futuro da organização.

LIDO

**REFLEXÕES DIÁRIAS**

# O SEU IMPACTO NA SOCIEDADE

Como líder, seu impacto vai muito além das quatro paredes da sua organização. As decisões que você toma, a maneira como conduz sua equipe e os valores que promove têm o poder de reverberar pela sociedade, influenciando positivamente o mundo ao seu redor.

O impacto de um líder na sociedade começa com a forma como ele trata as pessoas. Quando você lidera com integridade e respeito, essas qualidades se expandem. As pessoas que trabalham com você levam esses valores adiante, aplicando-os em suas próprias vidas e interações. Esse efeito cascata pode gerar uma cultura de responsabilidade social que excede o ambiente de trabalho. É melhor para as pessoas, é melhor para os negócios, é melhor para a sociedade.

Mais do que nunca, o mundo precisa de líderes que entendam a importância de seu papel na sociedade. Que reconheçam que sua influência não termina na porta da empresa, mas se estende a todos os lugares onde suas decisões e ações têm alcance. Ao adotar uma postura consciente e responsável, você se torna mais do que um líder de uma organização – você se torna um líder para a sociedade.

No final, o impacto que você tem na sociedade é definido pelo legado que você deixa. É sobre como você escolhe usar sua posição de liderança para fazer a diferença, para elevar os outros e para contribuir para um mundo melhor. E esse é o tipo de liderança que realmente importa, aquela que deixa uma marca positiva e duradoura no mundo.

○ **LIDO**

**REFLEXÕES DIÁRIAS**

# FAZENDO TUDO AO SEU REDOR PROSPERAR

Sua missão, como uma Liderança Inspiradora, vai além de simplesmente orientar a equipe; é sobre criar um ambiente onde cada indivíduo se sinta valorizado e tenha a oportunidade de brilhar. Afinal, o verdadeiro sucesso não se mede pelos feitos que você conquista sozinho, mas pela maneira como inspira e contribui para o crescimento dos outros.

Quando você dedica seu esforço para que todos prosperem, você traz o foco para o potencial de cada membro da sua equipe. Isso significa oferecer um apoio sincero, reconhecer e valorizar os talentos únicos de cada um e abrir portas para que cada pessoa possa brilhar com intensidade.

É exatamente esse ciclo de crescimento e desempenho que permite a uma organização prosperar como um todo, resultando em resultados excepcionais com consistência.

Além disso, a harmonia e motivação dentro da equipe se transformam em uma força coletiva, impulsionando a organização a novos patamares de sucesso e inovação.

Dessa forma, o impacto de sua liderança transcenderá os resultados imediatos e se enraizará na construção de prosperidade e excelência organizacional. No final, o seu legado será definido pela capacidade de ter criado uma organização que continua a crescer e se destacar, guiada pelos princípios e valores que você ajudou a estabelecer.

**Esse legado será um testemunho do impacto que você teve e será lembrado como a marca indelével de uma liderança verdadeiramente transformadora.**

○ **LIDO**

**REFLEXÕES DIÁRIAS**

**LIDERANÇA É, ACIMA DE TUDO, SOBRE GENTE.**

# EPÍLOGO

Não importa o quão desafiador o caminho seja, o que realmente transforma uma liderança é a capacidade de compreender e valorizar as pessoas. A liderança se revela tanto na presença de grandes equipes quanto na ausência delas, quando falta alguém. Ela se mostra pelo exemplo, pela empatia e pela orientação no dia a dia.

Ao longo deste livro, você foi convidado a refletir sobre o poder das pequenas ações e a importância de liderar com propósito. Agora, ao chegarmos ao final, quero deixar uma mensagem simples, mas poderosa: **eu acredito em você**.

Você tem em suas mãos o poder de transformar. Cada pílula aqui compartilhada foi pensada para mostrar que a Liderança Inspiradora nasce no dia a dia, nas atitudes que parecem pequenas, mas carregam o potencial de impactar profundamente aqueles ao seu redor.

Seja em um grande time ou em momentos de solidão profissional, onde a falta de pessoas pode ser sentida, lembre-se: a liderança sempre estará em suas mãos. É você quem faz a diferença, é você quem molda o ambiente e inspira o crescimento dos outros.

Eu acredito no seu potencial para ser essa pessoa, essa liderança que transforma vidas, que faz a diferença, que deixa um legado de empatia, respeito e impacto positivo. O mundo precisa de líderes como você, que entendem que a liderança está na essência humana.

Então, siga em frente, porque eu acredito em você e sei que suas ações vão transformar não apenas sua liderança, mas também a vida de quem está ao seu redor.

©2025, Pri Primavera Editorial Ltda. | Great People Books

Equipe editorial: Lu Magalhães, Larissa Caldin e Sofia Camargo
Revisão de texto: Larissa Caldin e Sofia Camargo
Projeto Gráfico e Diagramação: Lucas Saade
Capa: Great People Books

Dados Internacionais de Catalogação na Publicação (CIP)
Angelica Ilacqua CRB-8/7057

---

Camillo, Nilvado
Pílulas de liderança : doses diárias para líderes inspiradores / Nivaldo Camillo. — São Paulo : Primavera Editorial, 2025.
144 p. : color.

ISBN 978-85-5578-186-5

1. Liderança I. Título

25-1240                                          CDD  658.4012

Índices para catálogo sistemático:
1. Liderança

---

**GREAT PEOPLE**
Books

Av. Queiroz Filho, 1560 — Torre Gaivota Sl. 109
05319-000 — São Paulo — SP
Telefone: + 55 (11) 3034-3925
+ 55 (11) 99197-3552
www.greatpeoplebooks.com.br
contato@primaveraeditorial.com